Inhaltsverzeichnis

Vorwort	2
Vorbemerkungen	3
So sieht ein Huhn aus	4
Das fressen Hühner	8
So leben Hühner	11
Vom Ei zum Huhn	25
Rund ums Ei	31

Vorwort

Liebe Erzieherinnen und Erzieher,

schon im Kindergarten lassen sich faszinierende und sehr unterhaltsame Angebote zum Thema „Hühner“ machen. Kinder staunen immer wieder darüber, wie in einem Ei ein Küken heranwächst, schlüpft und dann zu einer Henne wird, die selbst wieder ein Ei ausbrütet. Sobald die Henne ein Küken hat, heißt sie übrigens „Glucke“, wussten Sie das?

In dieser Mappe finden Sie Angebote rund um die ganze Hühnerfamilie. Dabei schauen wir, wer überhaupt alles zu den Hühnern gehört – und auch, ob Henne und Huhn das gleiche sind. Die Kinder tanzen den „Wilden Hühnertanz“, basteln schlüpfende Küken und Hühnermasken und schauen sich auch einige Bräuche rund ums Ei genauer an. Wussten Sie übrigens, dass der Bilby in Australien die Ostereier bringt? Dieses Projekt ist aber nicht nur zur Osterzeit spannend, denn über Henne, Hahn, Küken und Eier gibt es das ganze Jahr über viel zu entdecken.
So erwarten Sie bei diesem Projekt ein Stabpuppenspiel, ein buntes Memo-Spiel, Lieder sowie ein Besuch auf dem Hühnerhof. Das Wissen wie zum Beispiel zur Tierhaltung, zum Futter und auch zu den Feinden der Hühner, wird spielerisch in den verschiedenen Bildungsbereichen umgesetzt. So geht es bei einer Eiersuche um das gezielte Training der Hörwahrnehmung, während die Kinder beim Spiel „Das Küken will zu seiner Mama“ ganz nebenbei ihre Auge-Hand-Koordination und ihr Kooperationsverhalten üben. Auch als Detektive sind die Kinder unterwegs – denn sie lernen anhand der Zahlen auf dem Ei zu erkennen, wie das Huhn gehalten wurde.

In einigen Kitas gibt es hin und wieder die Idee, Küken in der Kita schlüpfen zu lassen. Das ist natürlich sehr anschaulich für die Kinder, ich möchte Ihnen aber aus verschiedenen Gründen davon abraten. Für das Tier ist es eher suboptimal, sich ohne die Fürsorge und Kommunikation der Mutter zu entwickeln und in einem Kindergarten zu schlüpfen. Auch kann es Komplikationen geben, wenn das Küken zum Beispiel eine Behinderung hat, bei denen eventuell eine Tötung des Tieres angebracht wäre. Dies wäre nicht förderlich für alle Beteiligten. Die zeitaufwändige Pflege und spätere Unterbringung der Tiere muss ebenso berücksichtigt werden und überfordert oft. Daher lohnt sich ein Ausflug zu einem Hühnerhof besonders, auf dem die Entwicklung dieser charakterreichen Tiere in artgerechter Haltung beobachtet werden kann.

Mit einem fröhlichen Flügelschlag wünsche ich Ihnen sehr viel Spaß mit dieser Mappe!

Herzliche Grüße
Mareike Brombacher

Hinweis: Aus Gründen der besseren Lesbarkeit wird im Folgenden auf eine sprachliche Differenzierung der Geschlechterbezeichnungen verzichtet. Da die Erzieher*innen in Kindertagesstätten zumeist weiblich sind, haben wir uns hier für die weibliche Form entschieden. Selbstverständlich sind stets alle Geschlechter angesprochen.

Vorbemerkungen

Zu den verwendeten Symbolen

Hauptkategorien:

So sieht ein Huhn aus

Das fressen Hühner

So leben Hühner

Vom Ei zum Huhn

Rund ums Ei

Bildungsbereiche:

 Sprachliche Bildung

 Musikalische Bildung

 Ästhetische Erziehung

 Umwelt-, Sach- und Naturbegegnung

 Gesundheit und Ernährung

 Mathematische Bildung

 Körpererfahrung und Bewegung

 Wahrnehmung und Entspannung

Tipps und Anregungen zu den Angeboten

Die einzelnen Angebote sind nicht nach Bildungsbereichen, sondern nach Themen sortiert. Innerhalb der Themen bauen die Angebote aufeinander auf. Selbstverständlich können auch nur einzelne Aufgaben mit den Kindern bearbeitet werden.

Zu „Die Hühner picken", S. 10:

Für die Kleineren genügt die Anleitung, mit dem Stift zwischen den Linien entlangzuspuren.

Zu „Ausflug zum Hühnerhof", S. 14:

Vor dem Ausflug sollte man mit den Kindern die Angebote „Eierdetektive: Woher kommt mein Ei?" (s. S. 13) und „Aus einem Ei wird ein Huhn" (s. S. 25) behandelt werden.

Zu „Osterbräuche rund ums Ei", S. 31:

Lassen Sie den Kindern selbst die Entscheidung, ob sie (noch) an den Osterhasen glauben möchten oder nicht. Nutzen Sie daher neutrale Formulierungen wie „man erzählt sich".
Mit dem Einverständnis der Eltern können die Kinder auch einen Brief zum Osterhasen schicken. Die Deutsche Post verspricht, dass jeder Ostergruß, der bis spätestens eine Woche vor Karfreitag angekommen ist, beantwortet wird. Weitere Informationen finden Sie unter *www.deutschepost.de/de/o/ostergruesse/hanni-hase.html*

Huhn, Henne und Hahn

ab 3 Jahren

Material:
farbige Bildkarten aus der Heftmitte (Henne, Hahn, Glucke mit Küken und Ei), 1 Schere, Kissen oder Stühle, Gesprächsanregungen (s. u.), Steckbrief Haushuhn (s. u.), 1 Zollstock

Vorbereitung:
Schneiden Sie die farbigen Bildkarten aus.

Arbeitsanleitung:
Setzen Sie sich mit den Kindern in einen Stuhlkreis oder auf Kissen auf den Boden. Verwenden Sie die Gesprächsanregungen, um mit den Kindern über die Dinge zu sprechen, die sie schon über Hühner wissen und ergänzen Sie dieses Wissen mit den Informationen aus dem Steckbrief. Nehmen Sie einen Zollstock zu Hilfe, um den Kindern die Größe der Tiere anschaulich darzustellen.

Steckbrief Haushuhn:
Größe: 12–100 cm
Lebensdauer: 5–20 Jahre
Nahrung: Körner, Gras, Pflanzen wie Löwenzahn und Brennnessel, Schnecken, Insekten, Würmer, Samen
Lebensraum: weltweit
Feinde: Fuchs, Raubvögel, Marder
Gewicht: 250 g–10 kg
Geschwindigkeit: 15 km/h (beim Rennen)

Gesprächsanregungen:
- Was ist ein Huhn? (Huhn ist der Oberbegriff für diese Art von Vögeln. Er bezeichnet sowohl männliche als auch weibliche Tiere.)
- Wisst ihr, wie das männliche Huhn genannt wird? (Bild des Hahnes zeigen)
- Und wie heißt das weibliche Huhn? (Bild der Henne zeigen)
- Wie unterscheiden sich Henne und Hahn? (Bilder nebeneinander zeigen)
- Wie heißen die Kinder der Hühner? (Bild des Kükens zeigen)
- Woher kommen die Küken? (Bild der Eier zeigen)
- Wie nennt man eine Henne, die gerade Küken hat? (Bild der Glucke mit Küken zeigen)
- Habt ihr schon einmal ein Huhn oder ein Küken gesehen? Wo war das?
- Durftet ihr nah an die Hühner heran?
- Habt ihr schon einmal ein Huhn gestreichelt? Wie war das?
- Glaubt ihr, dass Hühner zählen können? (Hühner können tatsächlich zählen, das wurde in Untersuchungen herausgefunden, und sie sind ziemlich intelligent.)
- Wisst ihr, wie Hühner wohnen? (Sie leben im Hühnerstall und auf der Wiese. Aber die meisten Hühner leben leider auf sehr kleinem Raum und sind nie draußen. Wenn man Eier kauft, sollte man darauf achten, dass die Hühner gut gehalten wurden.)
- Welche Laute machen Hühner, wie hört sich das an? (Hühner können etwa 25 verschiedene Laute machen, sie haben also eine richtige eigene Hühnersprache. Die Küken fangen schon im Ei an, sich miteinander und der Glucke zu unterhalten.)

Hühner-Bingo

ab 5 Jahren

Material:

farbige Bildkarten aus der Heftmitte (Rebhuhn, Wachtel, Truthuhn, Fasan, Auerhuhn und Pfau), 1 Schere, Buntstifte, Kopiervorlage „Bingo-Karten“ (s. S. 6), Knete, 1 Schälchen

Vorbereitung:

1. Schneiden Sie die Bildkarten aus.
2. Kopieren Sie die unteren Kärtchen dreimal und malen Sie die Hühner ggf. farbig aus. Malen Sie den Rand um die Bilder bei jeder Kopie in einer anderen Farbe an, einmal in Gelb, einmal in Rot und einmal in Blau. So erhalten Sie 18 Bildkarten mit Hühnermotiven, die sich farblich zuordnen lassen.
3. Kopieren Sie die Bingo-Karten, schneiden Sie sie aus und malen Sie die Ränder und ggf. die Bilder der Hühner entsprechend aus. Verteilen Sie die Karten an die Kinder. Es können auch mehr als vier Kinder mitspielen, indem Sie die Karten mehrfach kopieren – dann haben eben mehrere Kinder gleichzeitig gewonnen.
4. Formen Sie gemeinsam mit den Kindern aus Knete viele kleine Kügelchen.
5. Stellen Sie die Knetkügelchen in einem Schälchen bereit, sodass alle Kinder es erreichen können.

Spielanleitung:

1. Erklären Sie den Kindern, dass die Haushühner, wie wir sie kennen, eine ganz große Verwandtschaft haben. Zeigen Sie dazu die Bildkarten der verschiedenen Hühnerarten und lassen Sie sie genau betrachten und vergleichen.
2. Erklären Sie den Kindern dann das Spiel: „Ich ziehe nun eine Karte nach der anderen. Ich sage euch immer, wie diese Art Huhn heißt, das darauf zu sehen ist. Achtet auf die Farben. Wenn das Huhn, das ich zeige, auf eurer Karte ist und die richtige Farbe hat, dann drückt ihr ein Knetkügelchen darauf. Wer zuerst drei Kügelchen nebeneinander hat, ruft „Bingo“ und hat gewonnen. Die anderen spielen danach weiter.“ (Bei Bedarf wiederholen Sie mit den Kindern noch einmal die Farben, die in diesem Spiel vorkommen.)
3. Ziehen Sie nun die erste Karte, auf dem zum Beispiel das Rebhuhn mit blauem Rand ist. Sagen Sie: „Das hier ist ein Rebhuhn mit einem blauen Rand.“
4. Die Kinder schauen nun auf ihrer Karte und drücken, wenn sie ein Rebhuhn mit blauem Rand haben, ein Knetkügelchen darüber.
5. So geht es weiter, bis das erste Kind drei Kügelchen nebeneinander hat (diagonal, horizontal oder senkrecht) und „Bingo“ ruft.

Sie können abhängig von Ihrer Zeitplanung entscheiden, wann Sie das Spiel enden lassen: Wenn jeder ein Bingo hatte oder wenn das erste Kind ein Bingo hatte.

Hinweis:

Die Vorgehensweise mit Knetkügelchen erlaubt es, die Farbdrucke wiederzuverwenden. Alternativ können die Karten laminiert und mit einem abwaschbaren Stift beschrieben werden. Falls Sie dies nicht vorhaben, können Sie die Kinder auch wie beim klassischen Bingo mit einem Stift die jeweiligen Bilder auf der Karte durchstreichen/durchkreuzen lassen.

Kopiervorlage „Bingo-Karten"

ab 5 Jahren

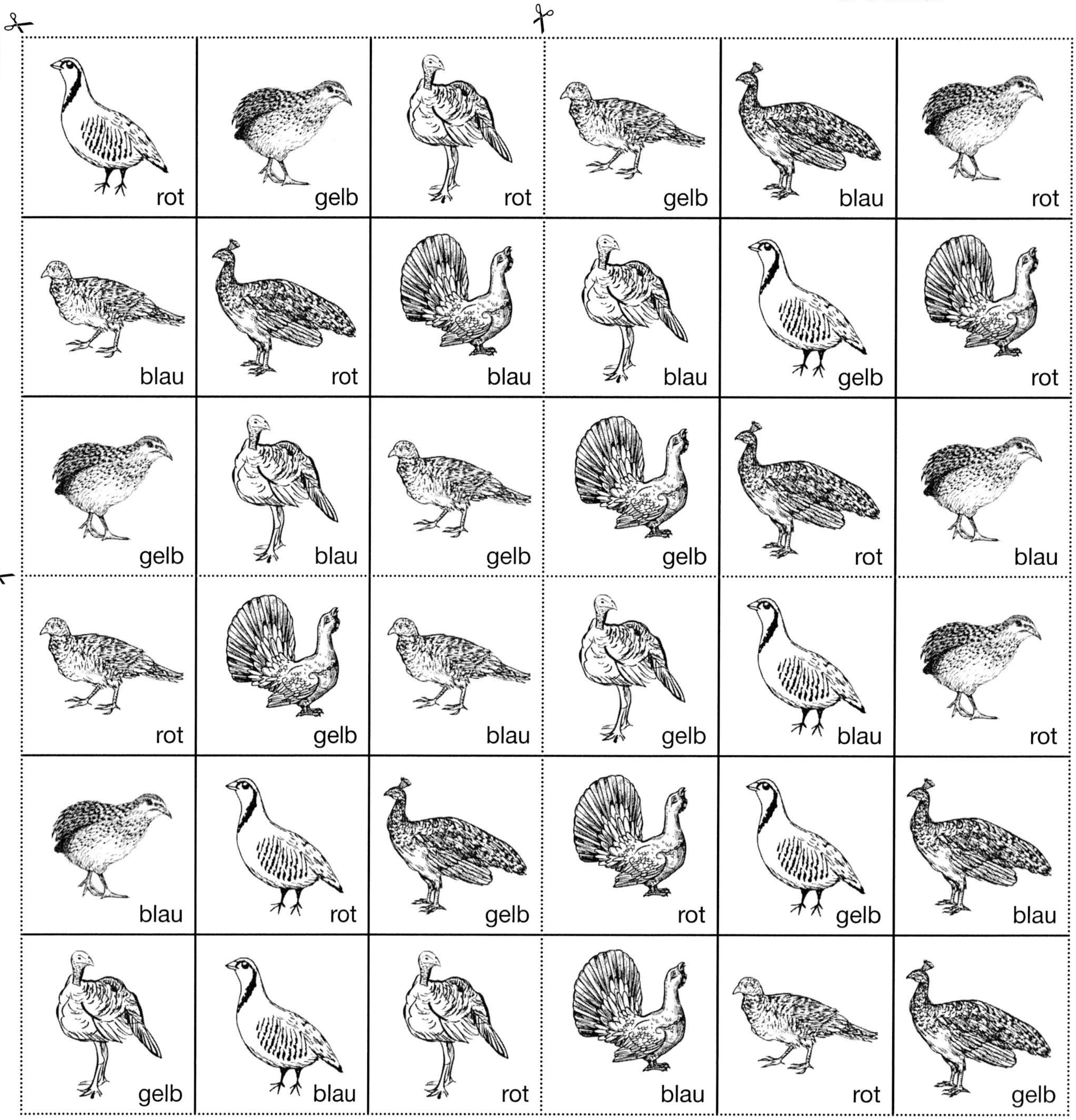

rot	gelb	rot	gelb	blau	rot
blau	rot	blau	blau	gelb	rot
gelb	blau	gelb	gelb	rot	blau
rot	gelb	blau	gelb	blau	rot
blau	rot	gelb	rot	gelb	blau
gelb	blau	rot	blau	rot	gelb

Meine eigene Hühnermaske

ab 3 Jahren

Material:

Malunterlagen, 1 Eierkarton (6er-Größe) für jeweils 2 Kinder, Scheren, Prickelnadeln, Malkittel, Wassermalfarbe, Pinsel, Wasserbecher, bunte Federn, Tacker, Panzertape, Gummibänder

Vorbereitung:

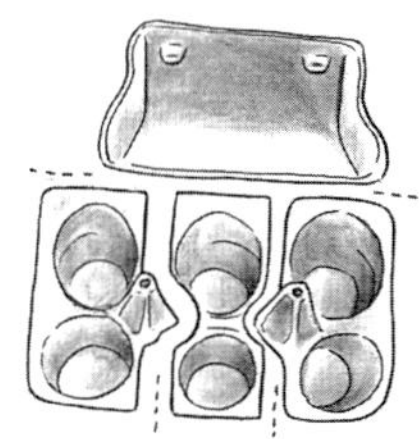

Legen Sie Malunterlagen aus und stellen Sie die Materialien bereit. Schneiden Sie den Kindern aus den Eierkartons immer aus zwei tiefen Dellen und einer emporstehenden Spitze die Maske heraus.

Arbeitsanleitung:

1. Die Kinder prickeln nun mit den Prickelnadeln die Augenöffnungen heraus. Sie können dann testweise schauen, ob sie ausreichend hindurchsehen können, oder ob sie sie noch weiter ausprickeln wollen.
2. Dann ziehen sich die Kinder die Malkittel an.
3. Nun werden die Masken mit Wasserfarben nach eigenem Belieben und Geschmack angemalt.
4. Die Kinder suchen sich im nächsten Schritt die gewünschten Federn aus.
5. Tackern Sie die Federn von innen an die Oberseite der Maske an und kleben Sie zum Schutz einen Streifen Panzertape über die Tackerklammern, damit das Metall nicht an der Stirn drückt.
6. Bohren Sie nun mit der Prickelnadel jeweils ein Loch rechts und links in die Seite der Maske.
7. Ziehen Sie das Gummiband durch die Löcher. Verknoten Sie die Gummibänder auf jeder Seite und passen Sie die Länge an den Kopf des Kindes an.

Fertig ist der Hühnerspaß!

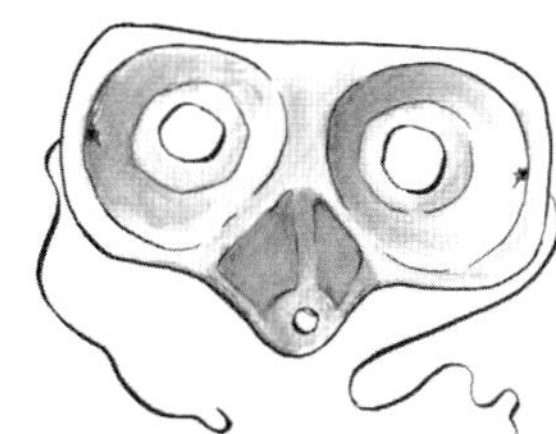

Hinweis:

Verwenden Sie die Maske gerne bei einigen der Angeboten, in denen die Kinder selbst in Aktion treten und in die Rolle des Huhns schlüpfen. Auch während der Projektphase insgesamt sollte es den Kindern ermöglicht werden, sich als Huhn oder Hahn zu verkleiden.

Zusatzidee:

Wenn alle Kinder Masken gebastelt haben, dann machen Sie doch ein Gruppenfoto von der ganzen Hühnerbande und hängen Sie es am Eingang zum Gruppenraum auf. Oder machen Sie einzelne Porträtfotos der Kinder, die nachher nebeneinander an der Wand aufgehängt werden.

Hühnerfutter (1) – ein gesundes Müsli

ab 3 Jahren

Material:
Bildkarte „Hühnerfutter" aus der Heftmitte, Schneidemesser, Schneidebrettchen, 3 Äpfel, 3 Bananen, 1 Bund Trauben (kernlos), 1 kg Haferflocken, 200 g Nüsse (kleingehackt), 100 g Sonnenblumenkerne, Sojajoghurt, Schälchen, 7 große Löffel, 1 Müslischale pro Kind, 1 kleiner Löffel pro Kind, 2 l Milch, 2 l Hafermilch

Arbeitsanleitung:

1. Zeigen Sie den Kindern das Bild des Hühnerfutters. Die Kinder betrachten es genau und erzählen, was sie sehen und worin es sich von Müsli unterscheidet.
2. Sagen Sie den Kindern: „Das Hühnerfutter sieht ja fast genauso aus wie unser Müsli, oder? Aber es sind doch teilweise ganz andere Dinge, die da drin sind, zum Beispiel Sojabohnen und Muschelschalen oder Sonnenblumenkerne mit Schale. Das würden wir so nicht essen wollen. Aber es sind auch Sachen darin, die wir essen würden, wie Weizen, Gerste oder Sonnenblumenkerne ohne die Schale. Außerdem findet das Huhn ja draußen auf der Wiese oft noch weitere Körner, Gras und Insekten. Wir tun heute einmal so, als würden wir ein Hühnerfutter für uns zubereiten. Dabei schummeln wir natürlich ein bisschen, denn Würmer oder Muschelschalen wollen wir nicht essen, oder? Lasst uns ein gesundes Müsli herstellen! Alle dürfen sich von einem Buffet, das wir gemeinsam vorbereiten, eine Schale zusammenstellen."
3. Schneiden Sie mit den Kindern die Äpfel in kleine Stückchen, verfahren Sie ebenso mit den Bananen und den Trauben. Wenn Sie anderes Obst zur Hand haben, kann dies ebenfalls verwendet werden.
4. Füllen Sie den Hafer, alles geschnittene Obst, die Nüsse, Sonnenblumenkerne und den Joghurt in einzelne Schälchen und legen Sie große Löffel zum Herausnehmen der Zutaten dazu. Stellen Sie die Müslischalen, die kleinen Löffel und die Milch bereit.
5. Bereiten Sie mit den Kindern ein schönes Müslibuffet vor und dekorieren Sie es mit Hühner-Deko wie dem Eierbaum (s. S. 35), den gefärbten Eiern (s. S. 34) oder den Hühnermasken (s. S. 7).

Achtung: Klären Sie unbedingt Unverträglichkeiten hinsichtlich des Obstes und auch der Nüsse.

Tipp:
Wenn Sie noch ein frisch gebackenes Brot hinzufügen, kann das Müslibuffet zusammen mit hartgekochten Eiern auch Teil eines Oster-Frühstücks sein.

Hühnerfutter (2) – Mais am Stiel

ab 3 Jahren

Zutaten (für 21 Kinder):

7 Maiskolben, ½ TL Ahornsirup, 1 TL Zimt, ½ TL Zucker, 1 Knoblauchzehe, 1 TL Olivenöl, 240 g Butter, Wasser, Salz

Arbeitsmittel:

1 Backofen, 1 Backblech, Backpapier, Knoblauchpresse, 1 Waage, 4 Schälchen, 1 großer Topf, 1 Herd, 1 Messer, 1 Brettchen, 1 Schöpfkelle, 42 Zahnstocher

Arbeitsanleitung:

1. Heizen Sie den Backofen auf 180 Grad vor. Legen Sie die Knoblauchzehe in den Ofen und garen Sie sie für 20 Minuten. Nehmen Sie sie dann heraus, schälen Sie die Zehe und pressen Sie sie durch die Knoblauchpresse.
2. Wiegen Sie jeweils viermal 60 g gesalzene Butter ab. Stellen Sie ein Schälchen mit der puren Butter beiseite. Vermischen Sie die drei weiteren Portionen Butter jeweils mit dem Ahornsirup, mit Zucker und Zimt und einmal mit dem gepressten Knoblauch und dem Olivenöl. Stellen Sie die verschiedenen Butterarten in den Kühlschrank.
3. Füllen Sie einen großen Topf zu drei Vierteln mit Wasser. Lassen Sie das Wasser aufkochen. Schneiden Sie die Maiskolben in je drei gleich große Stücke.
4. Legen Sie den Mais in das kochende Wasser und lassen Sie ihn etwa 10 Minuten garen.
5. Wenn die Maiskörner weich sind, nehmen Sie die Stücke heraus und lassen sie abtropfen.
6. Stecken Sie von beiden Seiten jeweils einen Zahnstocher in die Maiskolbenstücke und stellen Sie sie ggf. zum Warmhalten in den Ofen.
7. Nun können die Kinder mit Ihnen den Tisch decken. Stellen Sie die vier Buttervarianten aus dem Kühlschrank sowie Salz bereit. Jedes Kind bekommt ein Stück Maiskolben und entscheidet, welche der vier Geschmacksrichtungen es ausprobieren will – es sollte für alle etwas dabei sein. Pur ist natürlich auch erlaubt.

Guten Appetit!

Die Hühner picken

ab 4 Jahren

Folge dem Weg über den Hof, ohne die Linien zu übermalen. Sammle dabei so viele Körner wie möglich ein, indem du sie übermalst.

Ein Tag aus dem Leben eines Huhns

ab 3 Jahren

Material:

farbige Bildkarten aus der Heftmitte (Hahn und Henne), Vorlesetext (s. u.)

Arbeitsanleitung:

Setzen Sie sich mit den Kindern in eine ruhige und bequeme Ecke. Lesen Sie den Kindern den Text vor. Lassen Sie die Kinder an den markierten Stellen die Sätze beenden, indem Sie eine Pause machen und warten, ob die Kindergruppe das Wort findet. Zeigen Sie den Kindern an den entsprechenden Stellen das Bild der Henne und des Hahns und legen Sie sie gut sichtbar für die Kinder hin.

Vorlesetext:

Ich bin die Henne Helena und lebe auf einem tollen Hof. Morgens saß ich gemütlich auf meiner Stange im … *Hühnerstall.* Die Hühner in der Wildnis setzen sich auch immer nach oben auf einen Ast. Da können wir nicht von Raubtieren gefressen werden. Der Hahn krähte. Wie jeden Morgen rief er … *Kikeriki!*
Da bemerkten wir die zwei neuen Hennen im Stall. Wir hatten sie schon die letzten Wochen auf der Wiese nebenan beschnuppert und ein wenig kennengelernt. Es gab kurz Trubel und wir pickten uns ein wenig gegenseitig. Die neuen Hennen mussten nämlich erst einmal ihren Platz in der Hackordnung bei uns finden. Besonders die stärkste Henne, Frida, machte schnell klar: „Ich habe hier das … *Sagen!“.* Zum Glück dauert es nicht lange und wir nahmen die Hennen in unsere Herde auf.
Dann wurden wir endlich aus dem Stall gelassen auf die … *Wiese.* Dort warteten schon leckere Körner und Samen auf uns. Auch das frische Gras, die Würmer und die Schnecken waren köstlich. Wir hatten auch wirklich einen Riesen … *hunger.* Wir scharrten fleißig mit unseren Füßen auf dem Boden und gackerten uns gegenseitig zu, wenn wir etwas Schönes gefunden hatten.
Als die Sonne herauskam, wurde es richtig … *warm.* Zum Glück haben wir alle einen Kamm auf dem Kopf, über den können wir Wärme abgeben. Gegen Mittag nahm ich ein Sandbad. Dazu habe ich mir eine kleine Mulde im Sand gesucht und mich darin … *gewälzt.* Das hat gutgetan. Und so habe ich ein paar kitzelnde Flöhe aus meinem Gefieder verscheucht. Zwischendurch habe ich auch noch ein Ei … *gelegt.* Eierlegen tut übrigens nicht weh. Als ich jünger und kleiner war, waren auch meine Eier kleiner. Die Eier werden regelmäßig eingesammelt, damit die Menschen sie dann … *essen* können.
Plötzlich raschelte etwas im Gras. Ein Fuchs lief am Zaun vorbei. Da gackerten wir ganz … *laut,* um alle zu warnen. Wir flatterten schnell zurück in den … *Stall.* Fliegen kann ich ja leider nicht besonders gut, nur kurze Strecken, zum Beispiel auf einen Baum oder über einen … *Zaun.* Zum Glück kann der Fuchs uns nicht kriegen, aber erschrocken haben wir uns trotzdem sehr.
Nach der ganzen Aufregung freuten wir uns auf den Abend. Dann, und das wissen alle Hühner hier, gibt es das leckere … *Futter* am Stall. Deshalb kommen wir auch immer alle gleich dorthin gelaufen, wenn der Mensch uns ruft. Frida durfte natürlich zuerst futtern. Dann liefen wir in den Stall und flatterten auf unsere … *Stangen.* Frida hat sich wieder den besten Platz ausgesucht. Dann schliefen wir die ganze … *Nacht.* Das war ein aufregender Tag!

Eierdetektive: Woher kommt mein Ei? (1)

ab 4 Jahren

Material:

Bildkarten der Haltungsformen aus der Heftmitte, 1 Umzugskarton, Paketklebeband, 1 Schere oder Cuttermesser, Kreppklebeband, 1 Lineal oder Zollstock, je 1 hartgekochtes Ei aus jeder der Haltungsformen

Vorbereitung:

Schneiden Sie die entsprechenden Bildkarten aus der Heftmitte aus. Bereiten Sie die Stationen vor, anhand derer Sie den Kindern die verschiedenen Haltungsformen zeigen können:

Legebatterien: Kleben Sie den Umzugskarton an den oberen und den unteren Seiten mit Paketklebeband zu. Schneiden Sie einen kleinen Einstieg auf der Vorderseite in Form einer Tür, die sich seitlich aufklappen lässt, sodass ein Kind hindurchpasst. Schneiden Sie an den übrigen drei Seiten schmale Schlitze in den Karton, etwa 20 cm breit und 4 cm hoch, durch die man hindurchsehen kann.

Käfighaltung: Kleben Sie mit dem Kreppklebeband ein Quadrat mit einer Seitenlänge von etwa 27,4 cm auf den Boden.

Bodenhaltung: Kleben Sie mit dem Kreppklebeband ein Quadrat mit einer Seitenlänge von 1 m auf.

Legen Sie die Bildkarten an den Stationen bereit.

Arbeitsanleitung:

1. Setzen Sie sich mit den Kindern in einen Kreis und sagen Sie ihnen: „Vielleicht habt ihr schon einmal gehört, dass es Eier von ‚glücklichen' Hühnern gibt. Was sind glückliche Hühner? Wisst ihr das?" Die Kinder sammeln Ideen: Hühner, die draußen sind und Platz haben, die leckeres Futter bekommen …
2. Gehen Sie mit den Kindern dann die Stationen zu den Haltungsformen durch. Zeigen Sie ihnen jeweils das entsprechende Bild. Lassen Sie sie erzählen, was sie darauf sehen und wie sie diese Haltungsform finden. Erklären Sie den Kindern dann die Haltungsformen, bevor sie einmal testen können, wie viel Platz die Hühner dort haben.
3. Jetzt werden die Kinder zu Eierdetektiven: Die Kinder sehen sich die Eier genau an. Auf den Eiern können sie unterschiedliche Zahlen entdecken. Die erste Zahl gibt dabei die Haltungsform an. Steht eine 0 darauf, dann kommt es aus ökologischer Haltung, 1 ist Freilandhaltung, 2 ist Bodenhaltung und 3 ist die Käfighaltung. Lassen Sie die Kinder die Eier jeweils zur passenden Haltungsform legen. Fragen Sie die Kinder, welche Hühner wohl am glücklichsten sind.

Zum Schluss können die Kinder die Eier aufessen, wenn sie mögen.

Eierdetektive: Woher kommt mein Ei? (2)

ab 3 Jahren

Legebatterien:

Bis 2012 durfte man Hühner in Legebatterien halten, also sehr eng nebeneinander und übereinander in Gittern. Die Hauptsache war, dass sie viele Eier legen sollten. Die Hühner konnten sich nicht strecken und ihre Krallen nicht kürzen. Sie hatten keinen Auslauf und sahen nie das Tageslicht. Oft wurden die Hühner krank und traurig und rissen sich die Federn selbst aus. Deshalb wurde diese Haltung in ganz Europa 2012 verboten.
Die Kinder können sich, wenn sie mögen, zu zweit in den vorbereiteten Karton hocken und schauen, wie sich das anfühlt.

Käfighaltung:

Die neue Regelung besagt, dass Hühner, die im Käfig gehalten werden, ein Nest, eine Sitzstange, Streu für den Boden zum Picken und Kratzen und 750 Quadratzentimeter Platz für sich haben müssen. Oft leben diese Hühner in Kleingruppen im Käfig zusammen. Bis 2026 soll aber auch diese Haltungsform verboten werden, da es immer noch nicht sehr artgerecht ist.
Die Kinder können einmal testen, wie viel Platz so ein Huhn hat und sich in das Quadrat stellen.

Bodenhaltung:

Inzwischen werden kaum noch Hühner in Käfigen gehalten. Die meisten leben inzwischen in sogenannter Bodenhaltung. Dabei leben bis zu 6000 Hennen in einem geschlossenen Stall. Auf einem Quadratmeter dürfen maximal neun Hennen leben. Durch das Gedränge werden die Tiere schnell aggressiv und verletzen sich gegenseitig. Die Kinder können sich diese Haltungsform so vorstellen, dass sie ihr ganzes Leben im Gruppenraum bleiben.
Die Kinder versuchen sich nun zu neunt in den markierten Quadratmeter zu stellen.
Ganz schön eng!

Freilandhaltung:

Ungefähr ein Drittel der Hühner wird in Freilandhaltung gehalten, das ist schon ein recht hoher Anteil im Vergleich zu früher. Die Hühner leben in einem geschlossenen Stall und dürfen tagsüber aber raus. Jedes Huhn muss draußen mindestens vier Quadratmeter Platz haben. Dort können sie frei scharren, picken, laufen und im Sand baden. Die Kinder können es sich so vorstellen, dass sie im Gruppenraum Essen bekommen und dort schlafen, aber am Tag ins Freie und dort frei herumlaufen und spielen dürfen.

Ökologische Haltung:

Knapp ein Viertel, also jedes vierte Huhn, lebt in ökologischer Haltung. Hier ist die Käfighaltung verboten. Die Hühner müssen Zugang zum Freiland haben mit einer Möglichkeit, in einem Stall Schutz zu suchen. Die Ställe sind hell und groß und es gibt auch einen überdachten Außenbereich. Außerdem bekommen Bio-Hühner besonders abwechslungsreiches Futter. Sie haben mehr Platz, weil es insgesamt nicht so viele sind, maximal 3000. Oft werden Hühnermobile benutzt, in denen die Hühner für die Futtersuche von einer Wiese zur nächsten gefahren werden. So haben sie immer etwas Frisches zu fressen.

Ausflug zum Hühnerhof

ab 3 Jahren

Material:

1 Smartphone oder Fotoapparat, 1 DIN-A2-Tonkarton (Plakatgröße), Buntstifte, Kleber, Filzstifte, Permanentmarker, Reißzwecken, Kopiervorlage „Hühnerhof“ (s. S. 15)

Vorbereitung:

Nehmen Sie Kontakt zu einem Hühnerhof in Ihrer Nähe auf. Wählen Sie wenn möglich eine ökologische Landwirtschaft, sodass die Kinder Hühner auch im Freien erleben und ihr Verhalten beobachten können. Erfragen Sie auch, ob es Gelegenheit gibt, regelmäßig die Brut und das Schlüpfen der Küken eines bestimmten Huhns zu begleiten und zu beobachten. Machen Sie mit dem Hof konkrete Termine aus, an denen Sie ihn mit der Kindergartengruppe besuchen. Informieren Sie die Eltern über die geplanten Ausflüge und holen Sie, falls noch nicht vorhanden, die Erlaubnis ein, Bilder von den Kindern zu machen.

Arbeitsanleitung:

1. Beobachten Sie auf dem Hühnerhof gemeinsam mit den Kindern die Brut. Machen Sie Fotos von den Hühnern, den Eiern, den Küken, den Kindern und, wenn möglich, dem Hofpersonal. Vielleicht ist es auch möglich, den Kindern das Erlebnis der Arbeit rund um das Huhn nahezubringen, indem sie helfen dürfen, das Futter zu geben oder einen Stall zu reinigen.
2. Setzen Sie sich mit den Kindern in einen Stuhlkreis, wenn Sie wieder zurück in der Kita sind. Die Kinder erhalten die Kopiervorlage „Hühnerhof“. Sie haben den Auftrag, die Hühner zu zählen und das Bild anzumalen. Kommen sie dabei mit den malenden Kindern darüber ins Gespräch, was sie auf dem Bild sehen und schon kennen oder auf dem Hühnerhof gesehen haben. Sprechen Sie mit den Kindern über ihre Beobachtungen:

   - Welche Hühnerrasse(n) gab es auf dem Hof?
   - Was hat den Kindern gut gefallen?
   - Was fanden die Kinder nicht so gut?
   - Wie viele Hühner leben auf dem Hof?
   - Was haben die Hühner gemacht?
   - Was haben die Hühner gefressen?
   - Welche Geräusche haben die Hühner gemacht?
   - Waren die Hühner zutraulich oder eher scheu?
   - Konnten die Kinder auch ein Huhn streicheln?
   - Hatten die Hühner Namen?
   - Wie sahen die Ställe der Hühner genau aus?
   - Gab es einen Hahn und wenn ja, wie sah er aus?
   - Hatten die Kinder Angst vor den Hühnern?
   - Was hat den Kindern am meisten Spaß gemacht?

3. Lassen Sie die Fotos vom Hühnerhof entwickeln und kleben Sie sie gemeinsam mit den Kindern auf ein großes Plakat.
4. Die Kinder malen eigene kleine Bilder von der Zeit auf dem Hühnerhof. Diese kleben Sie zwischen die Fotos.
5. Beschriften Sie die Fotos und hängen Sie das Plakat mit den Reißzwecken zur Präsentation für die Eltern auf.

Kopiervorlage „Hühnerhof"

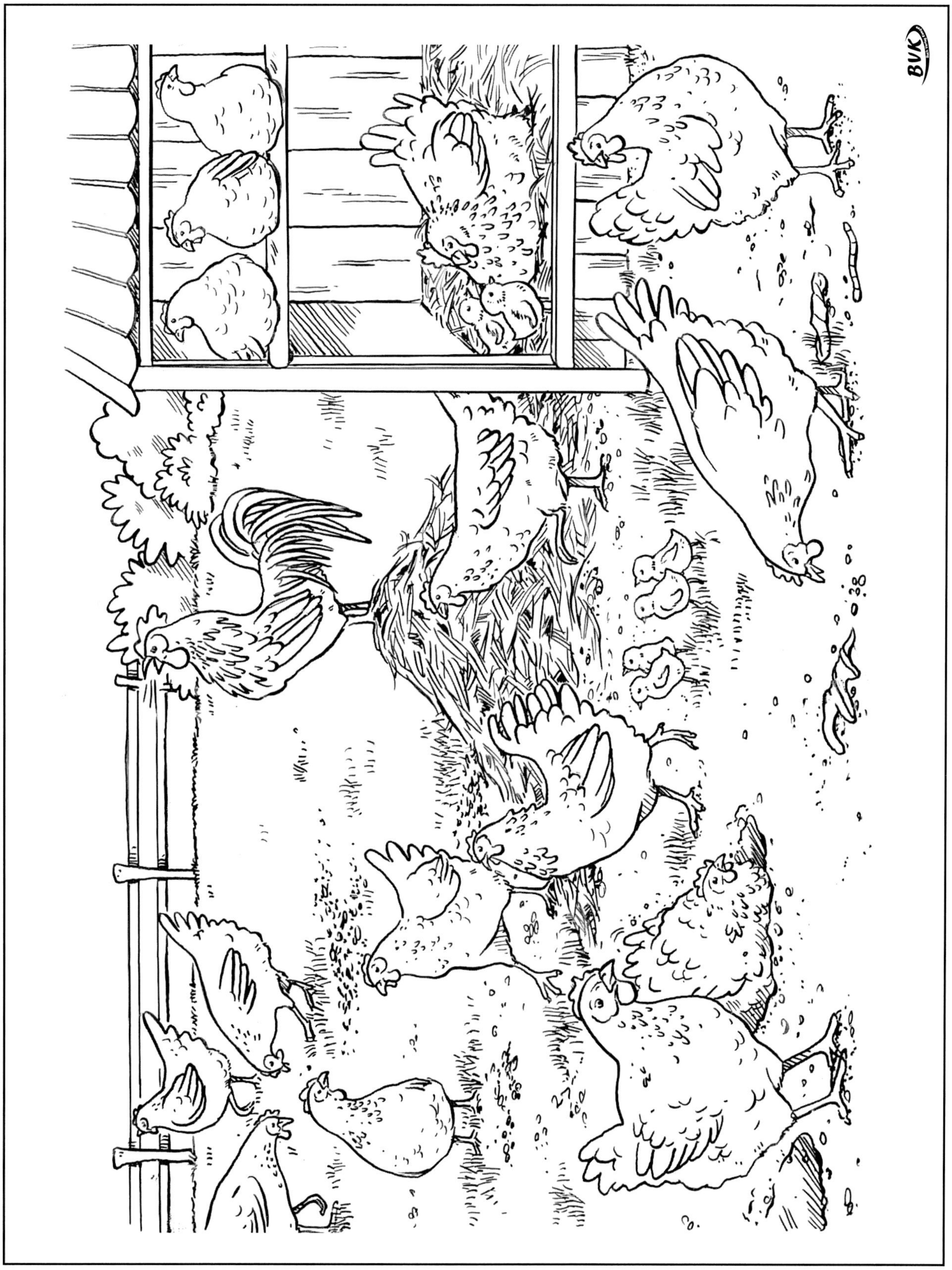

Wilder Hühnertanz

ab 3 Jahren

Material:

Kreppklebeband, folgendes Video auf *YouTube: www.youtube.com/watch?v=j7j-0ewTdA4,* Gerät zum Abspielen der Musik, ggf. Hühnermasken (s. S. 7)

Vorbereitung:

Räumen Sie den Gruppenraum von Stühlen und Tischen frei oder gehen Sie mit den Kindern in die Turnhalle. Kleben Sie dann mit Kreppklebeband einen Kreis in die Mitte des Raumes, in den alle Kinder liegend hineinpassen, also etwa mit einem Durchmesser von 3 Metern.
Die Kinder können, wenn sie mögen, ihre selbst gebastelten Hühnermasken anziehen.

Arbeitsanleitung:

1. Die Kinder stellen sich in den Kreis aus Kreppklebeband.
2. Sagen Sie den Kindern: „Wir sind jetzt auf einem Hühnerhof. Ihr seid die Hühner und ihr habt Lust zu tanzen! Hört genau hin – immer dann, wenn wieder ein Huhn über den Zaun fliegt, flattern auch wir über diese Linie hinaus. Danach geht's wieder zurück. Und ganz zum Schluss, wenn Nacht ist, legen wir uns schlafen – wie die Hühner."
3. Schalten Sie dann die Musik ein.
4. Die Kinder tanzen innerhalb des Kreises. Sobald die Stelle kommt, in der das Huhn über den Zaun fliegt, flattern alle mit den Händen wedelnd ebenfalls über die Linie nach „draußen".
5. Dort flattern sie weiter hin und her und durcheinander und finden sich dann in der Mitte wieder zusammen.
6. Zurück in der Mitte tanzen sie wieder weiter, bis das nächste Huhn über den Zaun fliegt. Die Kinder flattern ebenfalls wieder über die Linie und draußen herum, kommen dann zurück in den Kreis. Das geht so weiter, bis zum Schluss alle Hühner in den Stall flattern.
7. Dann legen die Kinder sich innerhalb des Kreises auf den Boden und tun so, als würden sie schlafen.

Variante:

Sie können die Kinder auch in Gruppen einteilen, die passend zum Text nacheinander über den Zaun flattern und außerhalb des Kreises bleiben bis zum Ende des Liedes.

Rückseite Bildkarten (1)

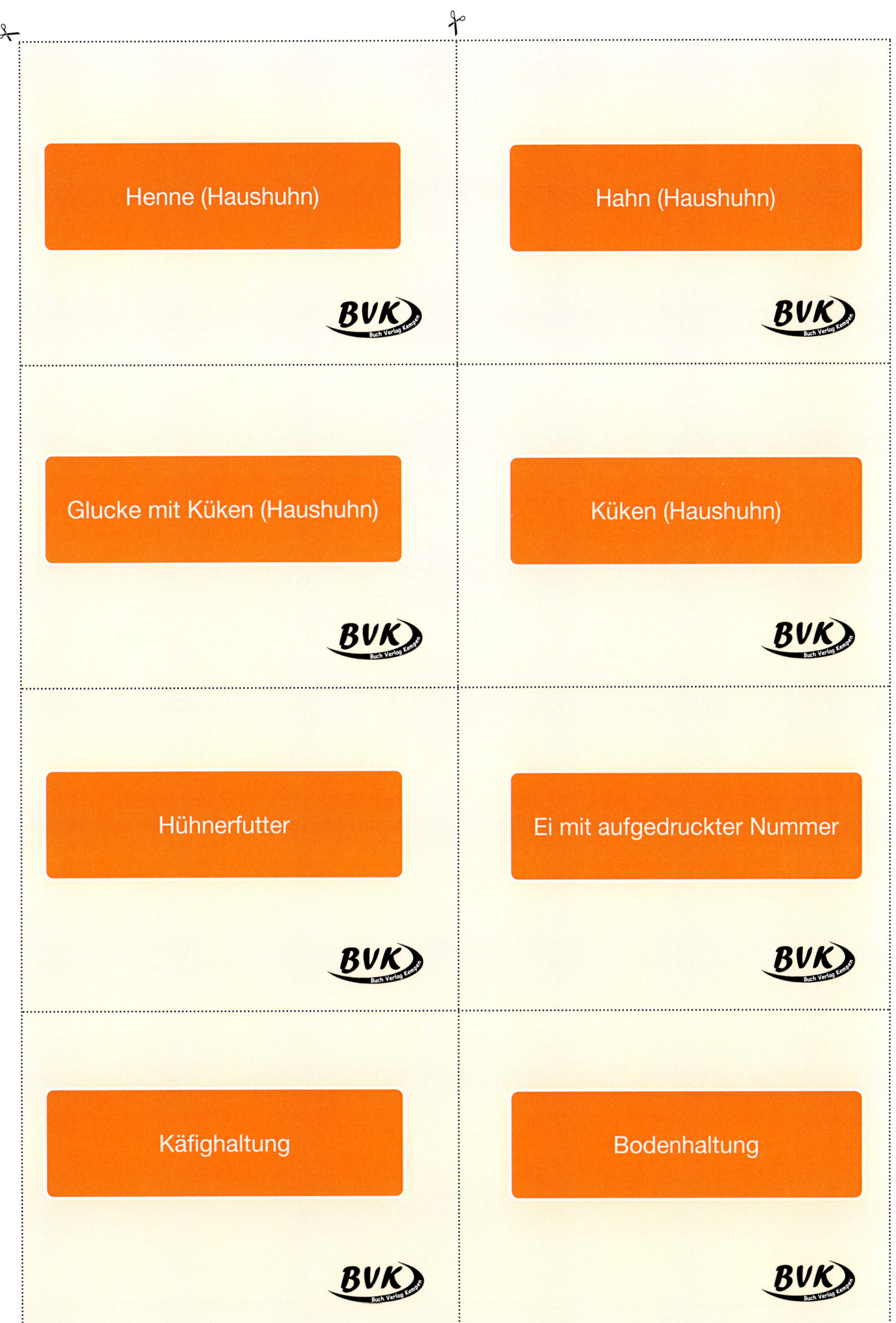

Bildkarten Hühner

Bildkarten Hühner

Rückseite Bildkarten (2)

Stabpuppen-Spiel „Familie Huhn zieht auf die Wiese um" (1)

ab 4 Jahren

Elf Kinder können bei diesem Stabpuppenspiel mitspielen. Fünf Kinder spielen jeweils ein Huhn, drei jeweils ein Küken, ein Kind den Hahn, ein Kind hält den Stall und später die Wiese und ein Kind ist die Frau. Sie können die Anzahl der Stabpuppen an die Zahl der mitspielenden Kinder anpassen. Die Kinder können Ihnen auch bei dem Basteln der Stabpuppen helfen.

Material:

Kopiervorlage „Stabpuppen" (s. S. 23), festes Kopierpapier, 1 Schere, Wachsmaler, Kleber, 12 Holzstäbe (ca. 30 cm lang), ggf. 1 Tacker, ggf. Federn zur Dekoration, 1 Schnur, Pappkarton (ca. 1 m x 50 cm), 1 großes Tuch, Geschichte „Familie Huhn zieht auf die Wiese um" (s. S. 22)

Vorbereitung:

Für die Hühner:

1. Kopieren Sie die Vorlage der Stabpuppen zwei Mal. Spiegeln Sie die Seite dabei einmal.
2. Schneiden Sie die Vorlagen aus. Immer zwei werden später zu einer Stabpuppe zusammengeklebt.
3. Malen Sie die beiden Seiten der Hennen, des Hahns, der Küken und der Frau jeweils gleich an.
4. Nun kommen jeweils zwei Teile deckungsgleich übereinander, sodass anschließend der Stab zwischen ihnen befestigt werden kann. Geben Sie dafür Kleber auf eine der Innenseiten der Stabpuppen, legen Sie den Holzstab dazwischen und kleben Sie die beiden Hälften zusammen. Tackern Sie die Figur ggf. zur Sicherheit unten noch einmal zusammen. Kleben Sie außerdem die noch abstehenden Teile der Figur (wenn nötig) fest.

   Für den Hühnerstall:

   Schneiden Sie aus dem Pappkarton ein Fenster heraus (etwa 80 cm breit und 50 cm hoch), sodass ein Rahmen entsteht. Kleben Sie einen schmalen Streifen braunen Pappkarton schräg nach unten zeigend als Rampe fest. Ein Holzstab, der waagerecht hinter dem Stall gehalten wird, dient als Hühnerstange.

   Für die Wiese:

   Schneiden Sie aus dem grünen Tonkarton ein etwa 10 cm hohes Band aus und schneiden Sie Zacken hinein.

   Die Bühne:

   Spannen Sie eine Schnur an einer im Gruppenraum dafür geeigneten Stelle, zum Beispiel zwischen zwei stabilen Stühlen. Hängen Sie über die Schnur ein großes Tuch. Das ist Ihre Bühne.

Arbeitsanleitung:

1. Setzen Sie sich mit den Kindern in einen Stuhlkreis und legen Sie die Stabpuppen bereit. Lesen Sie den Kindern die Geschichte „Familie Huhn zieht auf die Wiese um" vor.
2. Verteilen Sie nach dem Vorlesen die Stabpuppen an die Kinder. Ein Kind ist außerdem für das Halten des Stalls, des Grases sowie der Hühnerstange zuständig.
3. Die Kinder, die mitspielen, gehen zur Bühne.

Stabpuppen-Spiel „Familie Huhn zieht auf die Wiese um" (2)

ab 4 Jahren

4. Lesen Sie die Geschichte noch einmal vor. Fordern Sie die Kinder auf, das, was in der Geschichte passiert, während des Lesens mit den Figuren zu spielen. Helfen Sie gegebenenfalls mit Ideen, wie die Kinder die Stabpuppen bewegen könnten. Betreuen Sie die Gruppe zu zweit, können Sie sich mit der anderen Betreuungsperson verständigen, sodass diese zu Beginn eine der Stabpuppen übernimmt, um den Kindern zu zeigen, was möglich ist.

Familie Huhn zieht auf die Wiese um

Es war einmal eine Hühnerfamilie, die in einem sehr engen Stall lebte. Fünf Hennen, ein Hahn und drei Küken lebten dort zusammen. Es war so wenig Platz, dass sie immer aneinanderstießen, wenn sie sich ein bisschen bewegen wollten. Es gab noch nicht einmal eine Stange, auf der sie sitzen konnten. Das Futter schmeckte auch nicht so besonders gut.

Eines Tages aber kam eine Frau. Sie ging zu ihrem kleinen Stall und sagte zu den Hühnern: „Ihr werdet demnächst auf meine große Wiese hinter dem Haus umziehen. Ich wollte euch schon länger zu mir holen, aber die große Straße neben der Wiese wäre ohne Zaun zu gefährlich gewesen für euch. Nun ist der Zaun fertig und diese Woche zieht ihr um!" Da freuten sich die Hühner sehr.

Als es soweit war, wurde ihr Käfig auf einen Wagen verladen und der Wagen fuhr los. Es holperte und war sehr ungemütlich auf dieser Fahrt. Doch dann kam alles zum Stillstand, es ruckelte und polterte noch ein wenig, und die Tür zum Hühnerstall öffnete sich. Helles Sonnenlicht strahlte herein. Es gab eine lange Rampe mit Rillen darauf, die nach draußen zum Gras führte. Begeistert flatterte die erste Henne darauf und spazierte mit gerecktem Hals nach unten. „Kommt auch, es ist ganz wunderbar!", rief sie den anderen zu. Schon kamen die anderen Hennen, gefolgt von den drei Küken. Zum Schluss stolzierte der prächtige Hahn hinterher.

Nur wenige Meter weit entfernt stand die Frau, die ihnen den Umzug angekündigt hatte. Sie lächelte glücklich, als sie sah, wie die Hühner herumhüpften, Gras zupften und Körner pickten. Die Hühner schüttelten ihr Gefieder aus und rannten zu ihr hin, als sie sie entdeckten. Die Frau streichelte ihnen liebevoll über ihr Gefieder.

Nun waren alle sehr glücklich, denn die Hühner konnten von jetzt selbst entscheiden, ob sie lieber im Hühnerstall oder auf der Wiese sein wollten. Abends und bei Regen fühlten sie sich natürlich im Stall wohler – und dort konnte der Fuchs sie nicht erwischen. Die Frau hatte ihnen darin auch eine Stange befestigt, sodass sie oben sitzen konnten. Am Abend flatterten sie dann zufrieden auf ihre Stange und schliefen ein.
Was für ein großes Glück!

Kopiervorlage „Stabpuppen"

ab 4 Jahren

Fröhliches Laufspiel „Hilfe, der Fuchs kommt!“ 

ab 4 Jahren

Material:
Turnbänke, Bänder in Rot, Gelb und Grün (oder drei anderen Farben)

Vorbereitung:

1. Bereiten Sie den Turnraum vor. Stellen Sie dazu die vorhandenen Bänke in einem großen Rechteck an den Seiten auf. Nehmen Sie ggf. Seile als Markierung dazu, damit das Rechteck groß genug wird. Das ist der Hühnerstall, in dem die Kinder Fangen spielen.
2. Erklären Sie den Kindern, dass Hühner einige Feinde haben, die sie gerne auffressen würden, zum Beispiel Greifvögel wie der Habicht. Aber auch Katzen, streunende Hunde und Ratten sind eine Gefahr für die Hühner. Am gefährlichsten ist wohl neben den Greifvögeln der Fuchs. Deshalb müssen Hühnerhalter gut darauf achten, dass ihre Hühner in Sicherheit sind. Abends kommen die Hühner immer in einen verschlossenen Stall, dann kann der Fuchs sie nicht holen. Und wenn die Hühner in einem Gebiet leben, in dem es viele Habichte gibt, dann kann der Hühnerhalter eine Vogelscheuche aufstellen, glitzernde Kugeln aufhängen, von denen die Vögel geblendet werden, oder auch ein Vogelschutz-Netz über die gesamte Auslauffläche der Hühner hängen.
3. Bestimmen Sie nun je nach Gruppengröße 1 – 3 Kinder als Füchse, bei 12 Kindern könnten es zum Beispiel drei Füchse sein. Der Rest der Gruppe sind die Hühner.
4. Die Hühner werden in drei Gruppen aufgeteilt, die jeweils ein rotes, ein gelbes oder ein grünes Band erhalten. Dieses binden sich die Kinder je nach Länge entweder um den Kopf, um das Handgelenk oder legen es sich quer über die Schulter. Stellen Sie sicher, dass die Kinder die drei Farben kennen und benennen können.
5. Zeigen Sie den Kindern, wie sie sich bewegen: Die Füchse krabbeln auf allen Vieren, die Hühner laufen gebückt auf zwei Beinen und strecken die Arme nach hinten.

Spielanleitung:
Nun laufen die Kinder im Hühnerstall los und die Füchse versuchen die Hühner fangen. Berührt ein Fuchs ein Huhn, dann bekommt er das farbige Band und die Kinder tauschen die Rollen. Rufen Sie dabei immer wieder eine neue Farbe in den Raum, zum Beispiel Rot. Dann dürfen die roten Hühner, also die Kinder mit den roten Bändern, auf die Hühnerstange (die Bank) und sind in Sicherheit. Dort kann kein Fuchs sie fangen. Wird die nächste Farbe gerufen, müssen die roten Hühner wieder herunterflattern und die andere Gruppe Hühner darf auf die Stange.

Tipp:
Singen Sie zu diesem Spiel mit den Kindern das Lied „Fuchs, du hast die Gans gestohlen“. Tauschen Sie dabei „Gans“ durch „Huhn“ aus, also „Fuchs, du hast das Huhn gestohlen, gib es wieder her …“

Aus einem Ei wird ein Huhn

ab 3 Jahren

Material:

Kopiervorlage „Kreisbild Hühnerleben" (s. S. 26), Scheren, ggf. rote, gelbe und schwarze Buntstifte, 1 Blatt Papier pro Kind, Kleber

Vorbereitung:

Kopieren Sie das Kreisbild für jedes Kind und zusätzlich ein weiteres Mal für Sie. Die Kinder schneiden ihre Bildkarten aus, je nach Alter mit Ihrer Hilfe. Schneiden Sie selbst die zusätzliche Kopie aus. Nun werden die Karten, wenn gewünscht, angemalt.
Die Kinder legen ihre Bildkarten zunächst beiseite.

Arbeitsanleitung:

1. **Für kleinere Kinder:** Legen Sie Ihr zusätzliches Set Karten aufgedeckt in die Mitte. Fragen Sie die Kinder, was zuerst in der Entwicklung eines Huhns kommt. Die Kinder versuchen, die Bilder in die richtige Reihenfolge zu bringen und legen sie in einen Kreis.
   Für größere Kinder: Vermischen Sie die Karten und legen Sie sie verdeckt auf den Tisch. Nun wird eine Karte gezogen. Die darauffolgende Karte wird vor oder nach dieser Karte zu einem Kreis angepuzzelt. Dies geschieht reihum so lange, bis die Karten offen und in richtiger Reihenfolge auf dem Tisch liegen.
2. Nun sortieren die Kinder ihre eigenen Bildkarten zu dem Kreislauf, in dem das Huhn entsteht und heranwächst.
3. Die Kinder kleben ihren fertigen Kreislauf auf ein Blatt Papier.
4. Sprechen Sie mit den Kindern folgenden Reim, während Sie bei jeder Zeile auf das passende Bild zeigen:

Zuerst legt die Henne ein Ei,
darin ein Dotter, 1, 2, 3.
Ein Küken wächst in seinem Schalenhaus,
nach 20 Tagen schlüpft es aus.
Es rennt draußen herum, ist fröhlich, fidibum!
Ein echtes Huhn ist es dann jetzt,
kann Eier legen in das Nest.

Kopiervorlage „Kreisbild Hühnerleben"

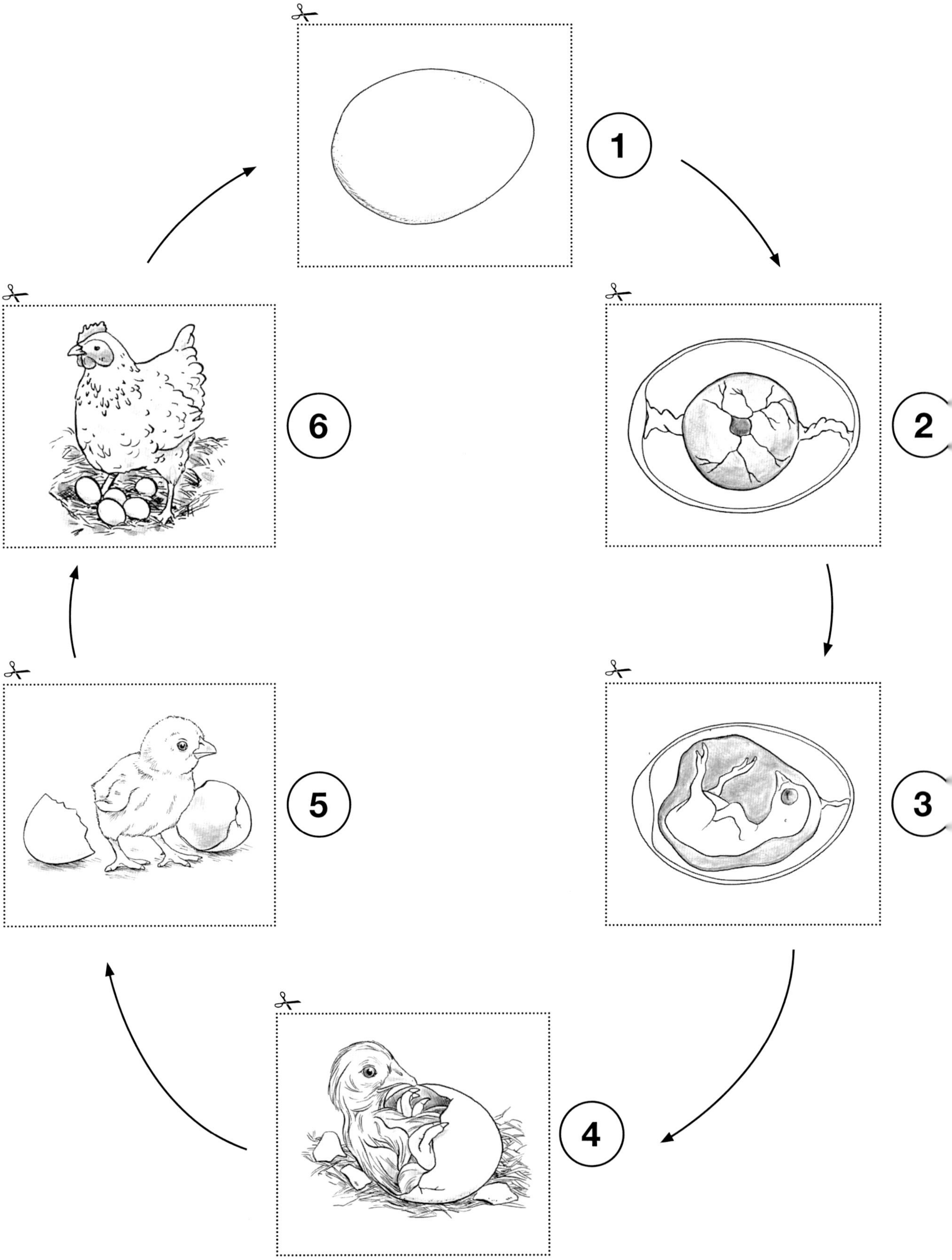

1

2

3

4

5

6

Lied „1-2-3, die Henne legt ein Ei!"

ab 3 Jahren

Arbeitsanleitung:

Singen Sie gemeinsam mit den Kindern das Lied „1-2-3, die Henne legt ein Ei!"
Immer, wenn das Wort „Ei" kommt, formen die Kinder ein Ei, indem sie vor ihrem Körper eine ovale Form mit beiden Händen in die Luft malen. So sind die Kinder während des gesamten Liedes in Bewegung.
Sie können das Lied gerne im Stehen mit den Kindern singen.

Melodie: „Hopp, hopp, hopp, Pferdchen lauf Galopp"; (Text: Mareike Brombacher)

1-2-3, die Henne legt ein Ei.
Sie gackert laut und ruft „hurra!
Ein wunderschönes Ei ist da!"
1-2-3, die Henne legt ein Ei.

1-2-3, die Henne legt ein Ei.
Sie flattert fröhlich aus dem Stall
und pickt die Körner überall,
1-2-3, die Henne legt ein Ei.

1-2-3, die Henne legt ein Ei.
Sie läuft ganz schnell zu ihrem Hahn,
dass er das Ei bewundern kann,
1-2-3, die Henne legt ein Ei.

1-2-3, die Henne legt ein Ei.
Dann ist sie müde, geht zu Bett,
wärmt ihr Ei, so ist es nett,
1-2-3, die Henne legt ein Ei.

1-2-3, die Henne legt ein Ei.
Brütet drei Wochen, freut sich drauf,
dann kommt das kleine Küken raus.
1-2-3, die Henne legt ein Ei.

Tipp:

Dieses Lied bietet sich auch als Einstieg im Morgenkreis während des Hühnerprojektes an.

Spiel „Das Küken will zu seiner Mama!"

ab 4 Jahren

Spielidee:

Ziel des Spiels ist es, dass drei Kinder es gemeinsam schaffen, das Küken nur über die Fäden zu steuern und zur Mutter zu manövrieren, ohne dass das Küken dabei umfällt. Dabei müssen sie auf einem festgelegten Parcours an bestimmten Hindernissen vorbei, denen sie auf ihrem Weg ausweichen müssen, ohne sie umzustoßen. Dies fördert die Auge-Hand-Koordination und das Gemeinschaftsgefühl der Kinder, die diese Aufgabe gemeinsam bewältigen.

Material:

Zum Basteln des Kükens und der Henne:
2 ausgewaschene Joghurtbecher (am besten einer größer als der andere), 1 Schere, gelbes und braunes Tonpapier, Kleber, Filzstifte in Gelb, Braun und Schwarz, 1 Heißklebepistole, 3 Wollfäden (ca. 1,5 m lang)
Für den Parcours:
verschiedene Bauklötze, Kreppklebeband in dunkler Farbe

Vorbereitung:

Basteln des Kükens: Schneiden Sie einen breiten Streifen gelbes Tonpapier in der Höhe des kleinen Joghurtbechers zurecht. Kleben Sie nun das Tonpapier um den Joghurtbecher. Drehen Sie den Becher auf den Kopf und malen Sie rechts und links kleine Flügel auf. Dies ist der Körper des Kükens. Malen Sie die Styroporkugel gelb an und malen Sie einen Schnabel und Augen auf. Kleben Sie den Kopf mit Hilfe der Heißklebepistole auf den Joghurtbecher. Bohren Sie nun mit der Schere rechts, mittig und links vom Kopf an den oberen Rändern des umgedrehten Joghurtbechers ein Loch. Ziehen Sie jeweils einen Faden hindurch und verknoten Sie sie von innen.
Basteln der Henne: Drehen Sie den zweiten (größeren) Joghurtbecher um und bekleben Sie ihn so wie den ersten mit einer breiten Bahn Tonpapier, in diesem Fall das braune. Malen Sie Flügel auf den Körper. Malen Sie die zweite Styroporkugel braun an und malen Sie Schnabel und Augen auf. Befestigen Sie den Kopf wie bei dem Küken auf dem Becher.
Aufbau des Parcours: Stellen Sie die Bauklötze auf dem Boden des Gruppenraums zu einem etwa 2 m langen Parcours auf, sodass es keinen direkten Weg zwischen Henne und Küken gibt. (Denken Sie daran, dass das Küken den Boden nicht verlassen kann.) Kleben Sie dann mit dem Kreppklebeband auf dem Boden eine Bahn vom Küken zur Henne zwischen den Bauklötzen hindurch. Der Weg sollte ca. 10 – 15 cm breit sein. Stelle Sie die Henne ans Ende des Parcours.

Spielanleitung:

Wählen Sie drei Kinder aus und stellen Sie das Küken an den Beginn des Parcours. Erklären Sie, dass Küken am Anfang immer ganz nah bei ihrer Mutter bleiben, denn dort ist es warm und geschützt. Dieses Küken möchte deshalb zu seiner Mutter zurück. Jedes Kind nimmt das Ende einer Schnur in die Hand. Nun versuchen die Kinder, das Küken zur Mutter zu bringen, indem sie vorsichtig an den Schnüren ziehen und es so über den Boden ziehen. Dabei müssen sie genau aufeinander achten, damit das Küken nicht umfällt oder Hindernisse umwirft.

Hinweis:

Da die Gleitfähigkeit auf dem Boden hier wichtig ist, sollte das Spiel auf keinen Fall auf einem Teppichboden stattfinden.

Welche Küken gehören zu welcher Henne  

ab 4 Jahren

Ordne die Küken den Hennen zu.
Zähle und verbinde.

Das Küken schlüpft aus dem Ei

ab 3 Jahren

Material:
1 gelber Tonkarton DIN A4 pro Kind, Bleistifte, Scheren, Filzstifte in Orange und Schwarz, 1 weiterer Tonkarton DIN A4 pro Kind in Weiß, Beige oder Braun, Kleber, evtl. Locher und Schnur

Arbeitsanleitung:

1. Jedes Kind malt auf seinen gelben Tonkarton, ggf. mit Ihrer Hilfe, ein großes Ei und schneidet es aus.
2. Nun malt das Kind in die Mitte des Eis mit orangefarbenem Filzstift einen dreieckigen Schnabel und mit dem schwarzen Filzstift zwei Augen darüber.
3. Dann legt das Kind das Ei nach Belieben auf den weißen, beigen oder braunen Tonkarton und umfährt es mit einem Bleistift. Es schneidet dieses zweite Ei ebenfalls aus.
4. Mit dem Klebestift umfährt das Kind nun den Rand des gelben Eis, legt das andere Ei darüber und drückt es an den Außenrändern fest.
5. Nun können die Kinder die Küken gleichzeitig „schlüpfen“ lassen. Dazu machen sie mit der Schere in der Mitte einen kleinen Schnitt in den oberen Tonkarton und reißen dann mit den Fingern das Ei vorsichtig auf, sodass das Gesicht des Kükens zum Vorschein kommt.

Fertig sind die schlüpfenden Küken!

Tipp: Hängen Sie die Eier nacheinander an einer Schnur als Girlande auf.

Ei-, Ei-, Eiermuffins!

ab 4 Jahren

Zutaten (für 12 Muffins):
8 Eier, 150 g Zucchini, 1 große Tomate, 50 g Mais, 80 g geriebener Parmesan, Salz, Pfeffer, etwas Butter

Arbeitsmittel:
Waage, 1 Schüssel, 1 Schneebesen, 1 Schneidemesser und -brett, 1 Rührlöffel, 1 Backofen, 1 Muffin-Backform (12er, alternativ 12 einzelne Muffinförmchen), 1 Papiertuch, 2 Esslöffel

Arbeitsanleitung:

1. Schlagen Sie die Eier in eine Schüssel auf und verquirlen Sie sie mit dem Schneebesen.
2. Lassen Sie die größeren Kinder die Zucchini und die Tomaten klein schneiden.
3. Geben Sie die Zucchinistücke, die Tomatenstücke, den Mais und den Parmesan zu den Eiern und würzen Sie mit Salz und Pfeffer. Lassen Sie die Kinder alles durchrühren.
4. Heizen Sie den Backofen auf 200 Grad vor. Fetten Sie die Muffinform mit einem Papiertuch mit der Butter ein. (Dieser Schritt ist bei den einzelnen Förmchen nicht notwendig.)
5. Befüllen Sie nun die Muffinförmchen mit zwei Esslöffeln zu je zwei Dritteln mit der Mischung.
6. Schieben Sie die Muffins bei 200 Grad für 15 Minuten in den Ofen.

Guten Appetit!

Ostern – Bräuche rund ums Ei

ab 3 Jahren

Material:
Bildkarten „Ostern“ (s. S. 32), 1 Schere, ggf. Buntstifte, mind. 1 hartgekochtes Ei pro Kind

Vorbereitung:
Schneiden Sie die Bildkarten aus und malen Sie sie ggf. an.

Arbeitsanleitung:
Setzen Sie sich mit den Kindern in einen Stuhlkreis. Besprechen Sie mit ihnen, welche Bräuche sie rund ums Ei kennen. Nehmen Sie jeweils das passende Bild zur Hand, um den Dialog mit den Kindern zu vereinfachen. Sammeln Sie zunächst das Wissen der Kinder und ergänzen Sie es. Besprechen Sie mit den Kindern die symbolische Bedeutung der Eier, dass sie für Fruchtbarkeit und Wiedergeburt bzw. die Entstehung neuen Lebens stehen. Daher sind Eier in vielen Bräuchen zum Osterfest zu finden und sind auch in anderen Kulturen Teil von Fruchtbarkeitsfesten oder Riten zum Ackerbau.

Eierditschen
Beim Eierditschen klopft man zwei Eier mit der Spitze gegeneinander und versucht dabei, die Eierschale des anderen zu zerbrechen. Zerbricht keines, kommt die andere Seite des Eis an die Reihe usw., bis eine Eierschale zerbrochen ist. So geht es reihum weiter. Es gewinnt, wessen Ei am Ende als einziges heil geblieben ist. Diese Person soll in dem Jahr besonders Glück haben. Die Kinder können das Spiel einmal selbst ausprobieren. Eigentlich erhält die Person, dessen Ei ganz geblieben ist, das zerbrochene Ei des anderen. Für eine Kindergartengruppe empfiehlt es sich aber, den Kindern ihre Eier zu lassen. Halten Sie gerne mehr Eier pro Kind bereit, damit sie mehrere Runden spielen können. Das macht Spaß!

Ostereier färben
Zu Ostern wurden Eier verziert, in der Kirche geweiht und als Symbol der Wiedergeburt verschenkt. Die Eier wurden dabei oft rot gefärbt, um das Opfer Jesu Christi zu symbolisieren. So konnte auch unterschieden werden, welche Eier gesegnet worden sind.
Noch heute ist das Verzieren von Eiern eine beliebte Tradition.

Vergraben von Ostereiern
Früher dachten viele Menschen, dass es etwas Gutes bringt, wenn sie ein gesegnetes Ei in der Erde vergraben. Zum Beispiel glaubte man, dass es den Boden von Äckern und Wiesen fruchtbarer und lebenskräftiger macht. In den Alpen glaubten die Menschen, dass es vor Lawinen und Erdrutschen schützt.

Der Osterhase und die Eiersuche
Zu Ostern gehen viele Kinder auf Eiersuche. Die Menschen erzählen sich, dass der Osterhase die Eier bringt. Der Osterhase wurde aber erst vor etwa 400 Jahren beliebter. Bis dahin hatten die Kinder geglaubt, dass der Fuchs, der Kuckuck oder der Storch die Eier bringt. In der Schweiz glauben die Kinder immer noch, dass der Kuckuck die Ostereier bringt. Ganz anders ist es in Australien: Hier versteckt der Bilby, ein Kaninchennasenbeutler, die Eier.

Bildkarten „Ostern"

ab 3 Jahren

Tickende Eiersuche

ab 3 Jahren

Material:
Eieruhr (in Eiform)

Spielanleitung:
1. Erklären Sie den Kindern, dass sie gleich etwas suchen – und zwar nur mit den Ohren: Ein Ei.
2. Nun geht ein Kind aus dem Gruppenraum heraus. Eventuell geht es gemeinsam mit Ihnen oder einem anderen Erwachsenen hinaus.
3. Ziehen Sie die Eieruhr auf und verstecken Sie das Ei so, dass das Kind es gut erreichen kann. Die anderen Kinder dürfen sehen, wo das Ei versteckt wird. Sagen Sie ihnen, dass sie dem anderen Kind nichts verraten dürfen und ganz still sein sollen, denn sonst kann es das Ei nicht hören.
4. Holen Sie dann das Kind herein.
5. Nun soll es allein durch Hören herausfinden, wo das Ei versteckt ist. Sagen Sie „Hörst du das Ticken? Folge dem Geräusch, dann findest du das Ei!" Wenn das Kind sich schwertut, können die anderen Kinder über *warm* oder *kalt* etwas helfen.
6. Ist das Ei gefunden, darf das nächste Kind hinausgehen und das Spiel beginnt von vorne.

Wenn Sie diese Übung anspruchsvoller gestalten wollen, können Sie mehrere Eier verstecken, die dann gleichzeitig ticken. Sie können in diesem Fall mehrere Kinder gemeinsam suchen lassen.

ab 3 Jahren

Kunterbunte Eiersuche

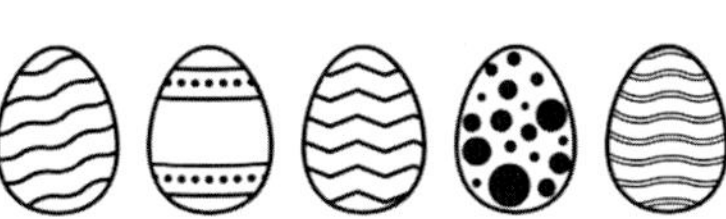

Material:
ca. 20 bunte Ostereier in etwa fünf verschiedenen Farben (ggf. aus Kunststoff)

Spielanleitung:
1. Erklären Sie den Kindern, dass sie gleich als kleine Gruppe von etwa fünf Kindern gemeinsam auf Eiersuche gehen dürfen.
2. Diese fünf Kinder verlassen den Raum, während die anderen Kinder gemeinsam mit ihnen alle 20 Eier verstecken.
3. Rufen Sie die Kinder wieder herein und sagen Sie ihnen, dass sie nun nur Eier einer bestimmten Farbe suchen sollen. Alle anderen Eier, die sie vielleicht auf der Suche entdecken, sollen sie in den Verstecken lassen.
4. Sind alle Eier der Farbe gefunden, werden die übrigen Eier wieder eingesammelt.
5. Nun ist die nächste Gruppe dran, dieses Mal mit einer anderen Farbe.

Variante:
Schicken Sie so viele Kinder hinaus, wie Sie Eierfarben haben. Jedes Kind soll dann Eier einer anderen Farbe suchen.

Eier färben – aber natürlich!

ab 3 Jahren

Material:

7 alte Emaille-Töpfe, 1 Schürze pro Kind, 1 Waage, Messer, Schneidebrettchen, 1 Handschäler, 1 Messbecher, Wasser, 1 Herd, 10 g Kurkuma, 1 Handvoll alte Zwiebelschalen, 300 g Karotten, 4 Knollen Rote Bete, 250 g Spinat, 300 g Rotkohl, 50 g altes oder frisches Kaffeepulver, Eier in gewünschter Zahl, Löffel, Olivenöl, Papiertücher

Vorbereitung:

1. Bereiten Sie mit den Kindern die Farben zum Eierfärben vor. Stellen Sie dazu die Töpfe bereit und geben Sie jedem Kind eine Schürze.
2. Die Kinder können das Gemüse nach Bedarf abwiegen. Lassen Sie die größeren Kinder die Karotten und den Rotkohl kleinschneiden. Die rote Beete wird geschält und halbiert.
3. Lassen Sie die Kinder das Wasser für jeden Topf abmessen. Das Gemüse wird in den Topf dazugegeben. Kochen Sie den Sud anschließend.
   Gelbe Farbe: Kurkumapulver in einem halben Liter Wasser 10 Minuten lang kochen.
   Goldbraune Farbe: Zwiebelschalen in einem halben Liter Wasser 20 Minuten lang kochen.
   Orange-gelbe Farbe: Karotten (ungeschält) in einem Liter Wasser 30 Minuten lang kochen. (Wer die Karotten essen möchte, kann sie auch schälen und 300 g Schale für den Sud verwenden.)
   Rote Farbe: Rote Bete in einem halben Liter Wasser 40 Minuten lang kochen.
   Grüne Farbe: Spinat mit Wasser bedecken und 40 Minuten lang kochen.
   Lila Farbe: Rotkohl in einem Liter Wasser etwa 30 Minuten lang kochen.
   Braune Farbe: Kaffeepulver in zwei Liter Wasser 20 Minuten lang kochen lassen.
4. Geben Sie jeweils einen Esslöffel Essig in jeden Farbsud.

Arbeitsanleitung:

Geben Sie die rohen Eier in den jeweiligen Topf mit dem Farbsud und kochen Sie sie darin 10 Minuten lang. Für die helleren Farben wie gelb am besten weiße Eier verwenden. Die Eier im Sud nicht mit den Fingern bewegen – verwenden Sie lieber einen Löffel, so vermeiden Sie Fingerabdrücke auf den Eiern. Sie können vorher entscheiden, ob Sie eine gleichmäßige Färbung wünschen oder zufällig entstehende Muster. Wenn Sie Muster wünschen, dann lassen Sie einfach das Gemüse im Wasser, ansonsten nehmen Sie es vorher heraus. Für eine stärkere Färbung können Sie die Eier nach dem Kochen weiter im Farbsud liegen lassen. Zum Schluss reiben die Kinder die Eier mit einem Tuch ab, auf das Sie vorher ein paar Tropfen Olivenöl geben. Fertig sind die Ostereier!

Hinweis:

Verwenden Sie am besten alte Emaille-Töpfe, da Farbrückstände im Topf entstehen können. Edelstahltöpfe können Sie auch verwenden, aber hier verändert sich manchmal die Farbe ein wenig.

Tipp:

Kombinieren Sie die Eierfärbe-Aktion mit einer weiteren Einheit, in der es um Farben geht, zum Beispiel mit dem Spiel „Kunterbunte Eiersuche“ (s. S. 33) oder einem Gesellschaftsspiel wie „Ich sehe was, was du nicht siehst“, in dem es um das Kennenlernen der Farben geht.

Eierbaum für die Gruppe

ab 3 Jahren

Material:

mind. 1 Ei pro Kind, Zweige, große (Boden-)Vase, Schere oder kurzes Messer, 1 dünner Strohhalm, 1 Schüssel, Spülmittel und Wasser, 1 Malkittel pro Kind, Fingerfarben, Wattestäbchen, 1 Zahnstocher für je zwei Eier, Bindfaden

Vorbereitung:

Machen Sie mit den Kindern einen Spaziergang und sammeln Sie so viele Zweige ein, dass Sie eine große Vase füllen können (etwa sieben Zweige). Wenn Sie ein großes Außengelände mit Büschen und Bäumen haben, können Sie auch dort auf die Suche gehen. Stellen Sie die Zweige in eine möglichst große und stehstabile Vase.

Waschen Sie die Eier ab. Pusten Sie die Eier mit Hilfe des Strohhalms aus, indem Sie mit der Schere oder dem Messer kleine Löcher an die Enden des Eis klopfen. Führen Sie den Strohhalm ein Stück hinein und pusten sie das Eigelb und Eiweiß über einer Schüssel heraus. (Diese können z. B. für die Eiermuffins (s. S. 30) genutzt werden.) Spülen Sie die Eier noch einmal in Spülwasser aus, indem Sie die Eier volllaufen lassen und sie vorsichtig schütteln. Lassen Sie die Eier anschließend trocknen.

Arbeitsanleitung:

1. Jedes Kind zieht sich den Malkittel an und bekommt ein Ei, das es mit den Fingerfarben bemalt. Mit den Wattestäbchen können zusätzliche Muster aufgetupft werden.
2. Lassen Sie die Eier der Kinder trocknen.
3. Brechen Sie nun die Zahnstocher in der Mitte durch. Binden Sie jeweils ein etwa 5 – 10 cm langes Stück Bindfaden an den Zahnstochertücken fest, sodass zwei lange Fadenenden entstehen.
4. Stecken Sie nun das Zahnstocherstück in die Öffnung des Eies. Knoten Sie die Fadenöffnungen zusammen.
5. Lassen Sie die Kinder ihr Ei an den Zweigen aufhängen.

Variante für Kinder ab 1 Jahr:

Schneiden Sie für jedes Kind ein großes Ei aus weißem Tonkarton aus. Breiten Sie auf dem Boden die Malunterlage aus und ziehen Sie den Kindern Malkittel an. Nun dürfen die Kinder ihr Ei nach Herzenslust mit Fingerfarbe verzieren. Es können auch ganze Handabdrücke darauf gemacht oder mehrere Farben übereinander gemalt werden – der Fantasie der Kinder sind keine Grenzen gesetzt. Lochen Sie nun die Eier am oberen Ende und fädeln Sie einen Bindfaden hindurch. Nun dürfen die Kinder ihr Ei ebenfalls an den Eierbaum hängen.

Falls Sie nur Eier aus Tonkarton basteln, bietet es sich auch an, die Eier jeweils oben und unten zu lochen und sie untereinander aufzufädeln, sodass eine Kette mit allen gestalteten Eiern entsteht, die zum Beispiel links und rechts von der Gruppentür aufgehängt werden kann.

Da lachen ja die Hühner – Fröhlicher Eierlauf

ab 2 Jahren

Material:
2 Turnbänke, 2 Turnmatten, 1 Seil, 1 kleiner Turnkasten, 5 Warnkegel, Kreppklebeband, ca. 5 ausgepustete Eier oder Plastik-Eier, ca. 5 Esslöffel

Vorbereitung:
Bereiten Sie einen Parcours in der Turnhalle vor, der im Kreis verläuft und bei dem die einzelnen Stationen, je nach Platzverhältnissen in Ihren Räumlichkeiten, ein wenig Abstand zueinander haben:

1. Stellen Sie zunächst zwei Bänke hintereinander auf, über die die Kinder balancieren.
2. Daran anschließend liegen zwei Turnmatten auf dem Boden, über die die Kinder laufen.
3. Legen Sie dann ein Seil in einem leichten Bogen auf den Boden, auf dem die Kinder balancieren.
4. Ein kleiner Kasten ist die nächste Station, der nicht höher als eine hohe Stufe sein sollte.
5. Verwenden Sie die Warnkegel, um im Bogen eine Slalom-Strecke zu stellen.
6. Markieren Sie die Startlinie mit dem Klebeband auf den Boden und kleben Sie kleine Pfeile an die Slalomstrecken, damit die Kinder wissen, wie sie dort gehen sollen.
   Wenn Sie mehr Platz und Material haben, können Sie die Aufstellung wieder von vorne beginnen lassen.

Sollten Sie die „Doppelrunde“ gestalten, können die Kinder den Slalom-Teil und das Balancieren auch jeweils rückwärtsgehend durchführen.

Arbeitsanleitung:
Geben Sie den Kindern einen Esslöffel und das Ei darauf. Nun geht es los. Die Aufgabe für die Kinder ist es nun, zu versuchen, das Ei über den ganzen Parcours hinweg nicht vom Löffel fallen zu lassen. An jeder Station kann immer ein Kind aktiv sein, die anderen warten, bis das jeweils nächste Kind fertig ist. Je nachdem, wie viele Löffel und Eier zur Verfügung stehen, werden die Löffel mit den Eiern nach einer Runde immer weitergereicht. Wer schafft es wohl, das Ei nicht herunterfallen zu lassen?

Wer Lust hat auf eine Herausforderung, darf den Löffel im zweiten Durchgang auch einmal in die andere Hand nehmen. Und die Älteren können schon versuchen, den Löffel mit dem Mund zu halten. Wenn es warm genug ist, können Sie sich auch einen Parcours auf dem Außengelände Ihrer Einrichtung ausdenken.

Viel Freude!

Hinweis:
Natürlich können Sie diesen Parcours beliebig nach Ihren Möglichkeiten und Materialien abwandeln und anpassen.